40 dias
pela restauração da família

Padre Cleidimar Moreira

40 dias pela restauração da família

Ame, perdoe e acredite que tudo pode mudar em sua casa!

petra · Canção Nova Editora

PETRA EDITORA
Rua Nova Jerusalém, 345 – Bonsucesso – 21042-235
Rio de Janeiro – RJ – Brasil
Tel.: (21) 3882-8200 – Fax: (21) 3882-8312/8313

CIP-BRASIL. CATALOGAÇÃO NA PUBLICAÇÃO
SINDICATO NACIONAL DOS EDITORES DE LIVROS, RJ

M837q

Moreira, Cleidimar
40 dias pela restauração da família / Padre Cleidimar Moreira. - 1. ed. - Rio de Janeiro : Nova Fronteira, 2017.
128 p.

ISBN: 978-85-8278-091-6
1. Exercícios devocionais. 2. Louvor a Deus. 3. Oração. I. Título : Quarenta dias pela restauração da família.

16-38822 CDD: 242.8
CDU: 27-534.3

INTRODUÇÃO

Deus quer restaurar sua família, sempre.

E este livro pode ajudar você a alcançar tal graça. Trata-se de um retiro familiar ou pessoal e foi idealizado para que você ou sua família tenha mais equilíbrio e unidade, bem como uma experiência de maior intimidade com Deus. Quando O deixamos conduzir nossa vida e nossa família, não damos passos em falso, nem erramos nas decisões importantes a serem tomadas.

Primeiro, você precisa **querer**; depois, **decidir** que quer uma família santa e restaurada; em seguida, **agir** por meio da oração, rezando e colocando em prática as tarefas diárias; e, por fim, **acreditar** que Deus tudo pode realizar em sua família.

Rezar faz muito bem, mas a oração sem a ação não tem muita diferença. Todos os dias, portanto, haverá tarefas a serem exercitadas. Elas, é evidente, precisam ser realizadas para que o resultado seja alcançado. No mínimo, ao final, você conhecerá mais a quem Deus lhe deu para ser sua família.

Este retiro pode mexer com o interior de quem o faz. É importante ter um diretor espiritual (um sacerdote ou uma pessoa de confiança que lhe for designada) e, caso ele assim sugira, talvez um psicólogo nos casos mais complexos.

Importa ter humildade em reconhecer-se fraco diante da família e pedir ajuda, a ela mesma, para ser melhor. Saiba que ninguém é perfeito e todos estamos em construção.

Que Deus abençoe você e os seus!

Padre Cleidimar Moreira

ORIENTAÇÕES

- Pode-se iniciar este roteiro em qualquer época do ano, lembrando que todo o processo levará quarenta dias. Quando feito ao longo da Quaresma, deve-se iniciar na Quarta-feira de Cinzas.

- Todos os dias, dedique trinta minutos para rezar com sua família.

- É preciso ter a Bíblia para realizar as leituras diárias indicadas. Recomenda-se também um caderno de anotações, para registrar aquilo que Deus quer dizer à sua família ou o testemunho dos participantes.

- A quem se sentir inspirado, é possível utilizar músicas.

Tente não percorrer este caminho sozinho. Esforce-se para rezar com todos da família.

ROTEIRO

1. Orações iniciais

- Em nome do Pai, do Filho e do Espírito Santo. Amém.

- Creio em Deus Pai todo-poderoso, criador do céu e da terra; e em Jesus Cristo, seu único Filho, nosso Senhor; que foi concebido pelo poder do Espírito Santo, nasceu da Virgem Maria, padeceu sob Pôncio Pilatos, foi crucificado, morto e sepultado; desceu à mansão dos mortos; ressuscitou ao terceiro dia; subiu aos céus, está sentado à direita de Deus Pai todo-poderoso, donde há de vir a julgar os vivos e os mortos; creio no Espírito Santo, na Santa Igreja Católica, na comunhão dos Santos, na remissão dos pecados, na ressurreição da carne, na vida eterna. Amém.

- Pai nosso que estais nos céus, santificado seja o vosso nome; venha a nós o vosso reino, seja feita a vossa vontade, assim na terra como no céu. O pão nosso de cada dia nos dai hoje; perdoai as nossas ofensas assim como nós perdoamos a quem nos tem ofendido, e não nos deixeis cair em tentação, mas livrai-nos do mal. Amém.

- Ave Maria, cheia de graça, o Senhor é convosco, bendita sois vós entre as mulheres e bendito é o fruto do vosso ventre, Jesus. Santa Maria, Mãe de Deus, rogai por nós pecadores, agora e na hora de nossa morte. Amém.

2. Orações a serem rezadas na sequência

Pai amado, Pai querido, estamos em tua presença para te pedir por nossa família. Ninguém a conhece como o Senhor. Queremos apresentar-te os propósitos de hoje e pedir que nos ajude a realizar todos, para que nossa família alcance a santificação e seja restaurada conforme a tua vontade – não, porém, por vaidade nossa, Senhor, mas para que o teu nome seja bendito e glorificado. Pai, nós te pedimos constância em nossa oração, fidelidade ao que é proposto e um amor muito grande por ti, para que conservemos o desejo de alcançar as graças que tens reservado a nós e nossa família. Senhor, eu creio, adoro, espero e amo-te. Peço-te perdão pelos que não creem, não adoram, não esperam e não te amam. Pai de infinita misericórdia, tenha piedade de nós.

Senhor Jesus Cristo, eu coloco a minha casa, minha família, todos os que moram comigo, sob a proteção do teu Sangue Precioso. Protege esta casa de assaltos, incêndios, violências, calúnias, difamações. Que qualquer pessoa mal-intencionada não consiga permanecer neste lar nem passe por esta porta. Assim como lemos no livro do Êxodo, em que o Senhor protegeu as casas dos israelitas, que minha casa, por meio desta oração, seja marcada com o Sangue do Senhor Jesus Cristo, sinal de proteção contra todo e qualquer tipo de flagelo. Invoco a intercessão especial da Virgem Maria, de São José e de São Miguel Arcanjo. Enfim, que toda a minha casa seja selada, marcada e protegida no Sangue libertador de Nosso Senhor Jesus Cristo. Amém.

Vem, Espírito Santo, e envia do alto do céu um raio da tua luz. Vem, pai dos pobres, doador da divina graça e luz dos corações. És consolo e defensor, amável hóspede dos corações e alívio incomparável. És descanso no trabalho, brisa no calor ardente e consolo na aflição. Ó ditosa luz divina, ilumina plenamente o coração dos teus fiéis. Sem ti não pode haver em homem algum, jamais, inocência nem bondade. Vem livrar-nos do pecado, abrandar a nossa aridez e curar as nossas feridas. Concede-nos que possamos superar a nossa obstinação, vencer a nossa apatia e nos guardar no bom caminho. Àqueles que creem em ti e em ti confiam, concede os teus sete dons sagrados. Como prêmio da virtude, dá-lhes a felicidade e a alegria eterna.

3. **Faça agora a leitura correspondente ao dia. Em seguida, reflita e partilhe com a família.**

4. **Após a leitura e a reflexão, é hora de realizar a tarefa indicada junto à leitura diária. Antes de realizar cada tarefa, reze:**

> Pai Santo, quero te agradecer pela oração realizada neste dia. Agradecer pelo que já estamos recebendo de ti. Senhor, apresentamos nossa família e te pedimos que nos guarde e nos livre de todo mal. Põe teus anjos conosco, protegendo-nos e combatendo por nós onde não conseguimos vencer as insídias de Satanás. Que nossas ações nos lembrem que somos de Deus e que a Ele pertencemos. Senhor, nós te louvamos pela nossa família e agradecemos a tua presença em nosso lar. Ilumina-nos para que sejamos capazes de assumir nosso compromisso de fé na Igreja e de participar da vida de nossa comunidade. Ensina-nos a viver a tua palavra e o teu mandamento de amor, a exemplo da Sagrada Família. Concede-nos a capacidade de compreender nossas diferenças de idade, de sexo e de caráter, para nos ajudarmos mutuamente, perdoarmos nossos erros e vivermos em harmonia. Dá-nos, Senhor, saúde, trabalho e um ambiente em que possamos viver felizes. Ensina-nos a partilhar o que temos com os mais necessitados e empobrecidos, e concede-nos a graça de aceitar com fé e serenidade a doença e a morte quando elas vierem a se aproximar de nossa família. Ajuda-nos a respeitar e incentivar a

vocação de nossos filhos quando quiseres chamá-los a teu serviço. Que em nossa família reine a confiança, a fidelidade e o respeito mútuo, para que o amor se fortifique e nos una cada vez mais. Permaneça em nossa família, Senhor, e abençoe nosso lar hoje e sempre. Jesus, Maria e José, nossa família vossa é. Amém.

5. Oração

São Miguel Arcanjo, defendei-nos no combate, sede o nosso refúgio contra as maldades e ciladas do demônio. Ordene-lhe Deus, instantemente o pedimos, e vós, príncipe da milícia celeste, pela virtude divina, precipitai no inferno a Satanás e a todos os espíritos malignos, que andam pelo mundo para perder as almas. Amém.

6. Encerramento

Em nome do Pai, do Filho e do Espírito Santo. Amém.

PROPOSTAS DIÁRIAS PARA A RESTAURAÇÃO DE SUA FAMÍLIA

1º DIA

Leitura do dia (Is 55,3-11)

"Prestai-me atenção, e vinde a mim; escutai, e vossa alma viverá: quero concluir convosco uma eterna aliança, outorgando-vos os favores prometidos a Davi. Farei de ti um testemunho para os povos, um condutor soberano das nações; conclamarás povos que nunca conheceste, e nações que te ignoravam acorrerão a ti, por causa do Senhor teu Deus, e do Santo de Israel que fará tua glória. Buscai o Senhor, já que Ele se deixa encontrar; invocai-O, já que está perto. Renuncie o malvado a seu comportamento, e o pecador a seus projetos; volte ao Senhor, que dele terá piedade, e a nosso Deus que perdoa generosamente. Pois meus pensamentos não são os vossos, e vosso modo de agir não é o meu, diz o Senhor; mas tanto quanto o céu domina a terra, tanto é superior à vossa a minha conduta e meus pensamentos ultrapassam os vossos. Tal como a chuva e a neve caem do céu e para lá não volvem sem ter regado a terra, sem a ter fecundado, e feito germinar as plantas... assim acontece à palavra que minha boca profere:

não volta sem ter produzido seu efeito, sem ter executado minha vontade e cumprido sua missão."

O Senhor quer fazer aliança conosco, e por isso nos chama a ir até Ele, a prestar atenção, a escutá-Lo. Portanto, devemos buscá-Lo enquanto Ele se deixa encontrar, enquanto ainda há o tempo de nossa vida. Assim, Ele fará de seu lar um testemunho para as nações. Nossa família é convidada a estar em sua presença e a ouvi-lo através de sua Palavra, que jamais deseja voltar sem cumprir sua missão.

Tarefa diária — Como é o início dos quarenta dias, após ler e refletir com sua família sobre o texto citado, escreva suas intenções, seus propósitos e os de sua família. Depois, faça uma reflexão quanto aos papéis de cada um dentro de casa. Estamos assumindo nosso papel de pai, mãe e filhos em nossa casa? Sou orgulhoso e quero assumir um papel que não me cabe? Os pais são atuantes na orientação e educação dos filhos?

Escreva aqui os propósitos e o que for refletido no dia.

___

___

___

___

___

___

___

___

O que precisamos mudar?

2º DIA

Leitura do dia (Mt 19,3-6)

"Os fariseus vieram perguntar-lhe para pô-lo à prova: É permitido a um homem rejeitar sua mulher por um motivo qualquer? Respondeu-lhes Jesus: Não lestes que o Criador, no começo, fez o homem e a mulher e disse: Por isso, o homem deixará seu pai e sua mãe e se unirá à sua mulher; e os dois formarão uma só carne? Assim, já não são dois, mas uma só carne. Portanto, não separe o homem o que Deus uniu."

Jesus institui o sacramento do matrimônio. Não se trata de um contrato qualquer entre duas pessoas, mas de algo sagrado para Deus. Eis a origem da importância que se deve dar ao matrimônio. Em outras igrejas cristãs, ele é tido como mero contrato; poder-se-ia, assim, separar-se e casar-se quantas vezes fosse "preciso". Na Igreja Católica, depositária plena da mensagem de Cristo, a aliança é eterna, fiel aos desejos do Pai. Não pode ser quebrada ou rompida, a exemplo do amor que Deus, por vontade própria, tem para conosco. Ele não nos abandona!

Tarefa diária — Reflita sobre o texto e sobre a instituição do sacramento do matrimônio. Após refletir, partilhe as respostas com a família. O casamento começa no namoro. Quem namora está tendo um namoro na castidade? Eu acolho a pessoa com quem meus filhos namoram? Eu acredito no sacramento do matrimônio? Há pessoas em sua casa que não se casaram na Igreja? Por que não o fizeram? Então, procure encontrar fotos do casamento, partilhando com os filhos como os pais começaram seu namoro, como se deu o noivado, os primeiros tempos de casados, a vinda do primeiro filho... Comente as dificuldades e alegrias da vida familiar.

Escreva aqui os propósitos e o que for refletido no dia.

O que precisamos mudar?

3º DIA

Leitura do dia (Mt 5,1-11)

"Vendo aquelas multidões, Jesus subiu à montanha. Sentou-se e seus discípulos aproximaram-se dele. Então abriu a boca e lhes ensinava, dizendo: Bem-aventurados os que têm um coração de pobre, porque deles é o Reino dos céus! Bem-aventurados os que choram, porque serão consolados! Bem-aventurados os mansos, porque possuirão a terra! Bem-aventurados os que têm fome e sede de justiça, porque serão saciados! Bem-aventurados os misericordiosos, porque alcançarão misericórdia! Bem-aventurados os puros de coração, porque verão Deus! Bem-aventurados os pacíficos, porque serão chamados filhos de Deus! Bem-aventurados os que são perseguidos por causa da justiça, porque deles é o Reino dos Céus! Bem-aventurados sereis quando vos caluniarem, quando vos perseguirem e disserem falsamente todo o mal contra vós por causa de mim."

Temos aqui o texto das "bem-aventuranças", um excelente instrumento de reflexão que pode ser usado para o exame de consciência diário e para antes das confissões. Serve, também, para reconhecer o que você pode melhorar dentro de casa. Se você está vivendo como bem-aventurado em sua casa, é mais fácil viver isso fora dela, pois se terá criado um hábito cotidiano, isto é, uma virtude. Eis o nosso objetivo. Se cairmos, porém, temos a certeza de que, nos amando de verdade, os que moram conosco nos concederão o perdão.

Tarefa diária — Reconheça que é um pecador, reveja suas dificuldades, peça a Deus o arrependimento. Deseje do fundo do coração se livrar de suas faltas e anote os maus hábitos e vícios que deseja abandonar. Reconheça diante da família que é um pecador e peça a Deus tanto perdão pelos erros quanto ajuda para ser uma pessoa melhor.

Escreva aqui os propósitos e o que for refletido no dia.

____

____

____

____

____

____

O que precisamos mudar?

____

____

____

____

____

____

4º DIA

Leitura do dia (1Ts 5,17-24)

"Orai sem cessar. Em todas as circunstâncias, dai graças, porque esta é a vosso respeito a vontade de Deus em Jesus Cristo. Não extingais o Espírito.

Não desprezeis as profecias. Examinai tudo: abraçai o que é bom. Guardai-vos de toda a espécie de mal. O Deus da paz vos conceda santidade perfeita. Que todo o vosso ser, espírito, alma e corpo seja conservado irrepreensível para a vinda de nosso Senhor Jesus Cristo! Fiel é aquele que vos chama, e o cumprirá."

A oração é uma das formas de se chegar a Deus, de o conhecermos mais e, consequentemente, de amá-lo mais e fazer sua vontade. Se não rezamos, vamos nos afastando de Deus e perdemos também o conhecimento de suas graças. Volte para Deus enquanto Ele se deixa encontrar. Não o busque apenas quando estiver em situações difíceis, pois trata-se de uma injustiça contra aquele que é o fim último de nossa vida e merece tão somente adoração e ações de graças. Busque-o por amor, sempre por amor, sabendo-se indigno de retribuir tamanho carinho.

Tarefa diária — Reflita sobre sua vida de oração e sobre a oração em sua casa. Você está fazendo suas orações somente por fazer? Ou porque ama a Deus e deseja estar perto dele? No meio da rotina, consegue tempo para rezar por sua família? Sente-se fortalecido ao ir à presença de Deus? O que é rezar para você? Suas orações estão mais no campo dos pedidos ou dos agradecimentos? Você prioriza os momentos dedicados a Deus, em detrimento de qualquer outra coisa? Procure tirar um tempo de meia hora para se dedicar às coisas dele.

Escreva aqui os propósitos e o que for refletido no dia.

O que precisamos mudar?

5º DIA

Leitura do dia (Dt 5,1.10-14.16-21)

"Moisés convocou toda Israel e disse-lhe: Ouve, ó Israel, as leis e os preceitos que hoje proclamo aos teus ouvidos: aprende-os e pratica-os cuidadosamente. [...] Mas uso de misericórdia até a milésima geração com aqueles que me amam e guardam os meus mandamentos. Não pronunciarás em vão o nome do Senhor, teu Deus; porque o Senhor não terá por inocente aquele que tiver pronunciado em vão o seu nome. Guardarás o dia do sábado e o santificarás, como te ordenou o Senhor, teu Deus. Trabalharás seis dias e neles farás todas as tuas obras; mas o sétimo dia é o repouso do Senhor. [...] Honra teu pai e tua mãe, como te mandou o Senhor, para que se prolonguem teus dias e prosperes na terra que te deu o Senhor teu Deus. Não matarás. Não cometerás adultério. Não furtarás. Não levantarás falso testemunho contra o teu próximo. Não cobiçarás a mulher de teu próximo. Não cobiçarás sua casa, nem seu campo... nem nada do que lhe pertence."

Nós somos um povo de cabeça dura e coração de pedra. Largados à nossa sorte, não somos capazes de reconhecer os direitos alheios. Portanto, o Senhor nos deixou boas regras para vivermos bem e em comunhão uns com os outros, as quais chamamos de "Dez Mandamentos". São "leis" que estão de acordo com a lei natural, mas que devem ser enunciadas em virtude de nossa ignorância e incapacidade. Não podemos jamais enxergar os dez mandamentos como leis que tolhem nossa vida, mas como normas que nos levam à plenitude, que nos libertam das prisões deste mundo.

Tarefa diária — Reflita: você tem facilidade para obedecer regras? Você é uma pessoa disciplinada? Como você vê os Dez Mandamentos: como leis duras ou como regras de amor? Em sua casa, você obedece às regras que contribuem para o bom convívio familiar? Tem facilidade para obedecer a autoridades? E as autoridades de sua casa?

Escreva aqui os propósitos e o que for refletido no dia.

____

____

____

____

____

____

____

____

O que precisamos mudar?

6º DIA

Leitura do dia (Mt 22,34-40)

"Sabendo os fariseus que Jesus reduzira ao silêncio os saduceus, reuniram-se e um deles, doutor da lei, fez-lhe esta pergunta para pô-lo à prova: Mestre, qual é o maior mandamento da lei? Respondeu Jesus: Amarás o Senhor teu Deus de todo teu coração, de toda tua alma e de todo teu espírito. Este é o maior e o primeiro mandamento. E o segundo, semelhante a este, é: Amarás teu próximo como a ti mesmo. Nesses dois mandamentos se resumem toda a lei e os profetas."

Temos aí algo importante que Jesus nos traz de novo: o amor a Deus e ao próximo como a nós mesmos. Quem ama muda pelo amado. Se amamos a Deus, mudamos também nossos comportamentos por causa Dele. E, se amamos nossa família, mudamos também por ela. Ao final, o maior beneficiado será quem muda: ver-se-á mais próximo ao Criador e contribuirá para que a família esteja mais feliz e em paz.

Tarefa diária — Amar a Deus sobre todas as coisas! Quem o atrai mais: Deus, as pessoas ou as coisas deste mundo? Você ama a Deus ou busca amá-lo? As pessoas da sua família amam mais a Deus ou as coisas do mundo? O que você pode fazer para melhorar seu amor a Deus? Jesus também falou sobre o amor ao próximo, e sua família é o que de mais próximo você tem. Você ama verdadeiramente sua família, sabendo que o amor consiste em sacrificar o próprio gosto e as próprias preferências pelo bem alheio? Você seria capaz de mudar suas atitudes e seus comportamentos para vê-la mais feliz? Quais as mudanças que precisa fazer para que isso aconteça?

Escreva aqui os propósitos e o que for refletido no dia.

____

____

____

____

____

____

____

O que precisamos mudar?

____

____

____

____

____

____

7º DIA

Leituras do dia (Ex 20,7; Mt 5,33-34.37)

"Não pronunciarás o nome de Deus, o teu Deus, em prova de falsidade, porque o Senhor não deixa impune aquele que pronuncia o Seu nome em favor do erro."

"Ouvistes ainda o que foi dito aos antigos: Não jurarás falso, mas cumprirás para com o Senhor os teus juramentos. Eu, porém, vos digo: não jureis de modo algum, nem pelo céu, porque é o trono de Deus. Dizei somente: Sim, se é sim; não, se é não. Tudo o que passa além disto vem do Maligno."

No tempo que foram escritos esses textos, o temor a Deus era muito difundido. Seu nome era santo, grande, poderoso. Infelizmente, hoje o homem não teme mais a Deus; colocam-no em piadas, empregam seu nome à toa, prometem em seu nome o que não vai ser cumprido... Além disso, murmuramos e reclamamos da vida como se no-la tivéssemos dado, esquecendo que o louvor e o agradecimento abrem portas para que nossa casa seja um antegozo do céu na terra. Rezemos para que voltemos a temer a Deus, mas da maneira correta: como filhos que querem respeitar e amar em tudo a vontade do Pai.

Tarefa diária — Você tem murmurado por conta da vida, da família, do que Deus lhe deu? De que mais murmura? Tem feito juramentos em nome de Deus? O que pode fazer para melhorar quanto à murmuração? Escreva, em companhia dos familiares, quais são as maiores murmurações da família e reze pedindo a Deus que a liberte das mesmas.

Escreva aqui os propósitos e o que for refletido no dia.

O que precisamos mudar?

8º DIA

Leituras do dia (Jo 6,35-36.39-40; 1Cor 11,26-29)

"Jesus replicou: Eu sou o pão da vida: aquele que vem a mim não terá fome, e aquele que crê em mim jamais terá sede. Mas já vos disse: Vós me vedes e não credes... Ora, esta é a vontade daquele que me enviou: que eu não deixe perecer nenhum daqueles que me deu, mas que os ressuscite no último dia. Esta é a vontade de meu Pai: que todo aquele que vê o Filho e nele crê, tenha a vida eterna; e eu o ressuscitarei no último dia."

"Assim, todas as vezes que comeis desse pão e bebeis desse cálice lembrais a morte do Senhor, até que venha. Portanto, todo aquele que comer o pão ou beber o cálice do Senhor indignamente será culpável do corpo e do sangue do Senhor. Que cada um se examine a si mesmo, e assim coma desse pão e beba desse cálice. Aquele que o come e o bebe sem distinguir o corpo do Senhor, come e bebe a sua própria condenação."

Ir à Santa Missa é ir ao encontro de quem mais nos ama no céu e na terra. Se enche-nos de expectativa alguém querido – algum amigo, algum familiar –, quanto mais não deve suscitar nosso esforço à possibilidade de encontrar um Deus que não nos abandona! E, para melhor o fazermos, devemos buscar o sacramento da Confissão. Comungar, afinal, é mais do que fazer comunhão com os ensinamentos de Cristo; é consumir sua própria divindade, corpo, sangue e alma. Ao termos Deus perto – dentro de nós! –, não é conveniente que tenhamos a alma limpa para recebê-lo?

Tarefa diária — Você vai à missa todos os domingos e dias festivos? A missa para você é importante? Os feriados santos, na sua opinião, são apenas feriados como quaisquer outros, ou você tira esses dias para rezar e ir à missa? Você acredita verdadeiramente que Jesus está presente na Eucaristia?

Escreva aqui os propósitos e o que for refletido no dia.

O que precisamos mudar?

9º DIA

Leituras do dia (Mt 15,4; Ef 6,1-4)

"Deus disse: Honra teu pai e tua mãe; aquele que amaldiçoar seu pai ou sua mãe será castigado de morte."

"Filhos, obedecei a vossos pais segundo o Senhor; porque isto é justo. O primeiro mandamento acompanhado de uma promessa é: Honra teu pai e tua mãe, para que sejas feliz e tenhas longa vida sobre a terra. Pais, não exaspereis vossos filhos. Pelo contrário, criai-os na educação e doutrina do Senhor."

As leituras de hoje nos falam sobre relacionamentos – e não um qualquer, mas um importantíssimo: aquele entre pais e filhos. Ali, lemos duas palavras importantes para o bom convívio: obediência e honra. Só será obedecido quem aprender a graça de obedecer primeiro. E, quando desonramos os pais, a palavra nos garante infelicidade. No entanto, é importante dizer que o texto se refere aos pais que temem a Deus e ensinam os caminhos divinos aos filhos. Para que os filhos obedeçam aos pais com sinceridade, estes têm de lhes dar o respeito, sobretudo pelos bons exemplos e pela boa educação.

Tarefa diária — Você tem algum ressentimento ou mágoa em relação a seus pais que ainda não perdoou ou não foi desculpado? Mesmo que seus pais já tenham morrido, faça este caminho e reze pedindo a Deus a cura, com o propósito de pedir perdão e perdoar. Você tem respeitado, valorizado e cuidado de seus pais? Tem dado mais valor aos pais ou aos amigos? Ouve mais seus pais ou as pessoas de fora? Mediante seus comportamentos, tem dado boa fama aos seus pais junto a outras pessoas? Se estiver perto deles, peça perdão e reconheça que pode ser melhor.

Escreva aqui os propósitos e o que for refletido no dia.

O que precisamos mudar?

10° DIA

Leitura do dia (Mt 18,21-35)

"Então Pedro se aproximou dele e disse: Senhor, quantas vezes devo perdoar a meu irmão, quando ele pecar contra mim? Até sete vezes? Respondeu Jesus: Não te digo até sete vezes, mas até setenta vezes sete. Por isso, o Reino dos Céus é comparado a um rei que quis ajustar contas com seus servos. Quando começou a ajustá-las, trouxeram-lhe um que lhe devia dez mil talentos. Como ele não tinha com que pagar, seu senhor ordenou que fosse vendido, ele, sua mulher, seus filhos e todos os seus bens para pagar a dívida. Este servo, então, prostrou-se por terra diante dele e suplicava-lhe: Dá-me um prazo, e eu te pagarei tudo! Cheio de compaixão, o senhor o deixou ir embora e perdoou-lhe a dívida. Apenas saiu dali, encontrou um de seus companheiros de serviço que lhe devia cem denários. Agarrou-o na garganta e quase o estrangulou, dizendo: Paga o que me deves! O outro caiu-lhe aos pés e pediu-lhe: Dá-me um prazo e eu te pagarei! Mas, sem nada querer ouvir, este homem o fez lançar na prisão, até que tivesse pagado sua dívida. Vendo isto, os outros servos, profundamente tristes, vieram contar a seu senhor o que se tinha passado. Então o senhor o chamou e lhe disse: Servo mau, eu te perdoei toda a dívida porque me suplicaste. Não devias também tu compadecer-te de teu companheiro de serviço, como eu tive piedade de ti? E o senhor, encolerizado, entregou-o aos algozes, até que pagasse toda a sua dívida. Assim vos tratará meu Pai celeste, se cada um de vós não perdoar a seu irmão, de todo seu coração."

Nós vamos à missa, pedimos perdão a Deus e queremos ser perdoados, mas não perdoamos quem errou conosco. Qual motivo Deus tem para nos perdoar então? Se não perdoamos, Deus não tem o dever de nos perdoar: "Perdoai-nos as nossas ofensas, assim como nós perdoamos a quem nos tem ofendido", diz o Pai-nosso. Além disso, deixar de perdoar não faz apenas que não recebamos o perdão de Deus, mas também nos leva a adoecer interiormente e a termos uma vida amarga e sem liberdade.

Tarefa diária — Quantas pessoas você já "matou" em sua vida por meio da calúnia e da difamação? Há pessoas que o caluniaram, pessoas de que você não gosta? Já causou algum tipo de dano físico mais grave e não se confessou, caso em que deve procurar um bispo ou um padre autorizado a oferecer absolvições em situações assim? Veja ainda se não tratou ninguém injustamente, tanto por meio de atos ou pensamentos. Se você errou e foi injusto, reze e procure, se possível, esta pessoa para reconhecer seu erro.

Escreva aqui os propósitos e o que for refletido no dia.

O que precisamos mudar?

11º DIA

Leitura do dia (Gl 5,16-25)

"Digo, pois: deixai-vos conduzir pelo Espírito, e não satisfareis os apetites da carne. Porque os desejos da carne se opõem aos do Espírito, e estes aos da carne; pois são contrários uns aos outros. É por isso que não fazeis o que quereríeis. Se, porém, vos deixais guiar pelo Espírito, não estais sob a lei. Ora, as obras da carne são estas: fornicação, impureza, libertinagem, idolatria, superstição, inimizades, brigas, ciúmes, ódio, ambição, discórdias, partidos, invejas, bebedeiras, orgias e outras coisas semelhantes. Dessas coisas vos previno, como já vos preveni: os que as praticarem não herdarão o Reino de Deus! Ao contrário, o fruto do Espírito é caridade, alegria, paz, paciência, afabilidade, bondade, fidelidade, brandura, temperança. Contra estas coisas não há lei. Pois os que são de Jesus Cristo crucificaram a carne, com as paixões e concupiscências. Se vivemos pelo Espírito, andemos também de acordo com o Espírito."

A palavra de hoje nos instiga a tomar duas decisões: primeiro, se queremos ser de Deus ou do mundo; depois, se queremos andar no Espírito ou conforme os desejos da carne. Esta é uma decisão pessoal e fundamental, que deve pautar cada momento de nossa vida, dentro da igreja ou não. O cristão não pode ter vida dupla, dizendo uma coisa e fazendo outra. E ninguém pode corrigir isso senão você.

Tarefa diária — Você entra na internet para ver coisas pornográficas? Por que não coloca bloqueador de sites indevidos no computador de casa? Está alimentando sua mente com o que é santo? Tem guardado a castidade, a começar pelo olhar e pela imaginação? Como andam seus relacionamentos de amizade? E o namoro está sendo casto? O que assiste na TV o ajuda a ser mais santo? Tem motivado sua família a viver a castidade, instruindo os filhos na santa pureza?

Escreva aqui os propósitos e o que for refletido no dia.

O que precisamos mudar?

12º DIA

Leituras do dia (Ef 4,28 e 1Cor 6,9-10)

"Quem era ladrão não torne a roubar, antes trabalhe seriamente por realizar o bem com as suas próprias mãos, para ter com que socorrer os necessitados."

"Acaso não sabeis que os injustos não hão de possuir o Reino de Deus? Não vos enganeis: nem os impuros, nem os idólatras, nem os adúlteros, nem os efeminados, nem os devassos, nem os ladrões, nem os avarentos, nem os bêbados, nem os difamadores, nem os assaltantes hão de possuir o Reino de Deus."

As leituras de hoje nos fazem refletir sobre o pecado do furto, sobre tomar posse do que não é seu. A nação brasileira vive constantemente o drama da violência agravada pelas injustiças sociais; e estas injustiças se deterioram ainda mais pela corrupção política, que faz com que o dinheiro do povo siga para mãos indevidas. Os ladrões de hoje, porém, iniciaram ontem, e pode ser que em nossos lares estejam nascendo maus hábitos assim, em pequena escala... Deve-se então ensinar a estudar, a trabalhar dignamente, a ter paciência em conquistar as coisas, a saber o quanto custou para o outro o que hoje se possui... É preciso ensinar, ainda, o desapego aos bens que não são essenciais.

Tarefa diária — Além dos bens materiais, você roubou o tempo que Deus lhe proporcionou, perdendo tempo no trabalho, deixando de colocar-se a serviço dos outros? Gastou tempo com o que não convém? Furtou dinheiro em casa? Pegou objetos sem pedir? No trabalho, tomou para si algo indevido? Devolveu o que foi pego ou roubado? Eis uma boa ocasião, caso não cause constrangimento, de devolver o que se roubou...

Escreva aqui os propósitos e o que for refletido no dia.

O que precisamos mudar?

13º DIA

Leitura do dia (Tg 3,2-3.5-10)

"...porque todos nós caímos em muitos pontos. Se alguém não cair por palavra, este é um homem perfeito, capaz de refrear todo o seu corpo. Quando pomos o freio na boca dos cavalos, para que nos obedeçam, governamos também todo o seu corpo. [...] Assim também a língua é um pequeno membro, mas pode gloriar-se de grandes coisas. Considerai como uma pequena chama pode incendiar uma grande floresta! Também a língua é um fogo, um mundo de iniquidade. A língua está entre os nossos membros e contamina todo o corpo; e sendo inflamada pelo inferno, incendeia o curso da nossa vida. Todas as espécies de feras selvagens, de aves, de répteis e de peixes do mar se domam e têm sido domadas pela espécie humana. A língua, porém, nenhum homem a pode domar. É um mal irrequieto, cheia de veneno mortífero. Com ela bendizemos o Senhor, nosso Pai, e com ela amaldiçoamos os homens, feitos à semelhança de Deus. De uma mesma boca procede a bênção e a maldição. Não convém, meus irmãos, que seja assim."

Diante da leitura de hoje, só é possível dizer uma coisa: não faça ao outro o que não gostaria que fizessem a você. Se não gosta que falem mal de si, não fale mal do outro. Caso fale, estará dando a oportunidade de falarem de você. Uma das melhores coisas para ajudar-nos a parar com esse pecado é o jejum e as penitências, sobretudo nas pequenas coisas do dia a dia. Aprendamos a cultivar o silêncio, a fomentar o recolhimento interior que nos permite pensar antes de falar sobre algo ou alguém.

Tarefa diária — Em casa ou na família, você fala mal de alguém ou inventa mentiras sobre outrem? No trabalho ou na escola, ouve mentiras sobre alguém e contribui para que se espalhem? Gosta de ouvir outros falando mal de terceiros? Gosta de inventar histórias que prejudicam um irmão? Na sua imaginação, estimula murmurações e juízos temerários sobre os outros, agravando na cabeça seus defeitos?

Escreva aqui os propósitos e o que for refletido no dia.

O que precisamos mudar?

14º DIA

Leituras do dia (Pv 6,32; Mt 5,27-28)

"Quem comete adultério carece de senso, é por sua própria culpa que um homem assim procede."

"Ouvistes que foi dito aos antigos: Não cometerás adultério. Eu, porém, vos digo: todo aquele que lançar um olhar de cobiça para uma mulher, já adulterou com ela em seu coração."

Partamos do mesmo princípio de ontem: não fazer ao outro o que não deseja que seja feito consigo. Se houve promessa de fidelidade e essa promessa foi quebrada, reconheça o erro e volte atrás. Segundo o texto acima, um mero olhar pode já ser cobiça e pecado. Rezem pedindo a Deus a libertação desse grande mal que está aniquilando famílias. Peça, ainda, que fortaleça a guarda do coração, do olhar, da imaginação, para que as tentações não criem ervas daninhas em nossas almas.

Tarefa diária — Você está satisfeito com a pessoa que Deus lhe confiou? Quando se arruma, você o faz para o olhar de outras pessoas ou para seu cônjuge? Costuma comparar a pessoa que Deus lhe deu com outras? O que está fazendo para continuar sendo querido pelo seu cônjuge? Dentro do coração, responda: já traiu em pensamentos, palavras ou atos? Caso o tenha feito, se confessou?

Escreva aqui os propósitos e o que for refletido no dia.

O que precisamos mudar?

15° DIA

Leitura do dia (Ex 20,17)

"Não cobiçarás a casa do teu próximo; não cobiçarás a mulher do teu próximo, nem seu escravo, nem sua escrava, nem seu boi, nem seu jumento, nem nada do que lhe pertence."

Deus nos dá tudo o que é essencial e necessário pela força do trabalho de nossas mãos; portanto, não é necessário cobiçar o que é de outro – isso se chama incapacidade e inveja. Deus nos capacitará se o reconhecermos como pai e assumirmos que somos seus filhos, dispostos a cumprir tão somente sua benevolente vontade paterna.

Tarefa diária — O que possui, você conquistou às custas do seu trabalho? Reclama do emprego que tem, murmurando diante das contrariedades profissionais? É feliz com o que Deus lhe deu? Às vezes compara o que tem em casa com o que há na casa dos outros? Compara pessoas da sua casa com pessoas de outras famílias?

Escreva aqui os propósitos e o que for refletido no dia.

O que precisamos mudar?

16º DIA

Leituras do dia (Ne 9,3; Jo 20,22-23)

"De pé em seus lugares, escutaram a leitura da lei do Senhor, seu Deus, durante um quarto do dia; e durante o outro quarto do dia confessaram seus pecados e prostraram-se diante do Senhor, seu Deus."

"Depois dessas palavras, soprou sobre eles dizendo-lhes: Recebei o Espírito Santo. Àqueles a quem perdoardes os pecados, ser-lhes-ão perdoados; àqueles a quem os retiverdes, ser-lhes-ão retidos."

Antes, Neemias se confessava direto a Deus, mas depois Jesus institui o sacramento da Confissão, no qual o sacerdote recebe o poder de perdoar ou não os pecados. Muitos fogem dessa graça pois têm medo de que o sacerdote os julgue ou revele os pecados confessados. Ele não pode fazer isso, sob pena de perder o sagrado ministério. Além disso, pensemos sempre: nesse tribunal amoroso, você não entra para ser condenado; seus pecados serão esquecidos para sempre, não existirão mais! Você reconhece seu delito diante do sacerdote que está ali in persona Christi, *na pessoa de Cristo, cujo corpo poderá receber com uma alma limpa e mais digna do Salvador.*

Tarefa diária — Reflita sobre o texto da instituição da confissão. Faça uma retrospectiva dos dez dias vividos e partilhe com a família o que foi bom e o que pode ser mudado, de maneira prática, em sua vida. Ao longo da semana, procure um sacerdote que possa confessá-lo.

Escreva aqui os propósitos e o que for refletido no dia.

O que precisamos mudar?

17º DIA

Leituras do dia (Rm 1,21-25; II Tm 3,1-5)

"Porque, conhecendo a Deus, não o glorificaram como Deus, nem lhe deram graças. Pelo contrário, extraviaram-se em seus vãos pensamentos, e se lhes obscureceu o coração insensato. Pretendendo-se sábios, tornaram-se estultos. Mudaram a majestade de Deus incorruptível em representações e figuras de homem corruptível, de aves, quadrúpedes e répteis. Por isso, Deus os entregou aos desejos dos seus corações, à imundície, de modo que desonraram entre si os próprios corpos. Trocaram a verdade de Deus pela mentira, e adoraram e serviram à criatura em vez do Criador, que é bendito pelos séculos."

"Nota bem o seguinte: nos últimos dias haverá um período difícil. Os homens se tornarão egoístas, avarentos, fanfarrões, soberbos, rebeldes aos pais, ingratos, malvados, desalmados, desleais, caluniadores, devassos, cruéis, inimigos dos bons, traidores, insolentes, cegos de orgulho, amigos dos prazeres e não de Deus, ostentarão a aparência de piedade, mas desdenharão a realidade."

O homem, por falta de amor a Deus, começou a achar-se um deus e desprezar o Deus vivo e verdadeiro. É o que chamamos de soberba. A consequência disso vemos na sociedade que cada dia se torna mais depravada e maliciosa, vivendo só para seus prazeres e satisfações imediatos. Ela se distancia de Deus a passos largos, rumo a um fim terrível, desnorteada. Devemos reconhecer que somos um nada diante dele; mesmo assim, Deus não se coloca como todo-poderoso, mas antes se humilha e assume nossa humanidade, a fim de conhecer nossos dilemas e ainda morrer pelos nossos pecados, salvando-nos pela Cruz. Como Deus nos ama!

Tarefa diária — Você resolve os seus problemas sem depender de Deus ou dos irmãos? Partilha as dificuldades ou alegrias com os de sua casa? Quando se sente enaltecido, retifica sua postura, lembrando que só Deus merece toda a glória? Vem sendo autossuficiente e prepotente, vivendo independentemente de todos e de tudo? Despreza quando tentam te ajudar?

Escreva aqui os propósitos e o que for refletido no dia.

____

____

____

____

____

____

O que precisamos mudar?

18° DIA

Leitura do dia (Mt 6,19-23)

"Não ajunteis para vós tesouros na terra, onde a ferrugem e as traças corroem, onde os ladrões furtam e roubam. Ajuntai para vós tesouros no céu, onde não os consomem nem as traças nem a ferrugem, e os ladrões não furtam nem roubam. Porque onde está o teu tesouro, lá também está teu coração. O olho é a luz do corpo. Se teu olho é são, todo o teu corpo será iluminado. Se teu olho estiver em mau estado, todo o teu corpo estará nas trevas. Se a luz que está em ti são trevas, quão espessas deverão ser as trevas!"

Jesus nos ensina a graça do desprendimento. A pessoa avarenta ajunta coisas para si e não sabe nem ajudar o próximo, nem dividir com as pessoas mais necessitadas. Em casa, é frequente que encaremos nossas posses como coisa só nossa, sob a impressão de que são parte de nossa vida e dignidade. Além disso, quantas vezes não ajudamos os outros apenas para nos sentirmos elevados e bons? E quantas vezes não ajudamos os outros por avareza, a fim de garantir nossa comodidade?

Tarefa diária — Sua vida consiste em ajuntar tesouros na terra? Pensa somente no dinheiro? Coloca o trabalho acima de sua família? Não divide nada com ninguém? É apegado aos bens materiais? Desapegue-se de algum bem que você guardava para si. Faça um "retiro da boa morte": vá ao guarda-roupas e dê a outros o que possui e não usa, ou mesmo o que possui em excesso (calças, camisetas, calçados e outros objetos).

Escreva aqui os propósitos e o que for refletido no dia.

O que precisamos mudar?

19º DIA

Leitura do dia (Mc 7,18-23)

“Respondeu-lhes: Sois também vós assim ignorantes? Não compreendeis que tudo o que de fora entra no homem não o pode tornar impuro, porque não lhe entra no coração, mas vai ao ventre e dali segue sua lei natural? Assim ele declarava puros todos os alimentos. E acrescentava: Ora, o que sai do homem, isso é que mancha o homem. Porque é do interior do coração dos homens que procedem os maus pensamentos: devassidões, roubos, assassinatos, adultérios, cobiças, perversidades, fraudes, desonestidade, inveja, difamação, orgulho e insensatez. Todos estes vícios procedem de dentro e tornam impuro o homem.”

Muitos, ao irem se confessar, pensam que o pecado da luxúria está apenas ligado ao luxo, a vida farta. Ela é um dos sete pecados capitais e consiste no apego aos prazeres carnais, à corrupção dos costumes; a sexualidade radical, a lascívia, a sensualidade, os pequenos prazeres – tudo isso faz com que nos “dispersemos”, que derramemos nosso coração em coisas que não são Deus. Os prazeres devem ser ordenados à sua finalidade, e não simplesmente usufruídos como um fim em si.

Tarefa diária — Por tratar-se de temas muito íntimos, reflita apenas em seu coração: você pensa em coisas impuras o tempo todo? Seu coração está longe de Deus? Tem se deixado guiar por paixões e desejos carnais? Tem apego aos prazeres da carne? Está levando ao pecado as pessoas pelo modo como se veste? Gosta de ser desejado? Retifica sua imaginação quando ela começa a devanear sobre coisas que maculam a alma, evitando assim que a tentação vá crescendo e se tornando uma possibilidade real?

Escreva aqui os propósitos e o que for refletido no dia.

____

____

____

____

____

____

O que precisamos mudar?

____

____

____

____

____

____

20° DIA

Leitura do dia (Mt 5,21-26)

"Ouvistes o que foi dito aos antigos:...Mas eu vos digo: todo aquele que se irar contra seu irmão será castigado pelos juízes. Aquele que disser a seu irmão: Raca, será castigado pelo Grande Conselho. Aquele que lhe disser: Louco, será condenado ao fogo da geena. Se estás, portanto, para fazer a tua oferta diante do altar e te lembrares de que teu irmão tem alguma coisa contra ti, deixa lá a tua oferta diante do altar e vai primeiro reconciliar-te com teu irmão; só então vem fazer a tua oferta. Entra em acordo sem demora com o teu adversário, enquanto estás em caminho com ele, para que não suceda que te entregue ao juiz, e o juiz te entregue ao seu ministro e sejas posto em prisão. Em verdade te digo: dali não sairás antes de teres pagado o último centavo."

O mandato de Jesus tem como centro o perdão. Se você está irado com seu irmão, vá até ele e conceda-lhe o perdão. Muitas vezes dizemos ser de Cristo, mas nosso rancor pelos outros torna-nos hipócritas. O problema não está na ira imediata, que nos vem por conta de nossa fraqueza humana, sem nosso controle; o problema, antes, está no que se faz com ela. Quando sentirmos a ira fervilhar dentro de nós, perguntemo-nos: como Deus age? Ele se vinga, murmura? Ou abre-nos seu coração, disposto a nos perdoar sempre e incondicionalmente?

Tarefa diária — Você se deixou vencer pela ira, pelo rancor, pela vingança, pela violência? Há em ti desejo de vingança? Em sua casa, tem experimentado a ira diante das contrariedades do cotidiano? Está perdendo a paciência muito facilmente com os da sua casa? Maltratou fisicamente quem mora com você? A raiva o levou a magoar alguém por meio de palavras? Tem paciência para dialogar?

Escreva aqui os propósitos e o que for refletido no dia.

O que precisamos mudar?

21º DIA

Leituras do dia (Pv 3,31; Pv 14,30; Pv 23,17; Gl 5,26)

"Não invejes o homem violento, nem adotes o seu procedimento."

"Um coração tranquilo é a vida do corpo, enquanto a inveja é a cárie dos ossos."

"Que teu coração não inveje os pecadores, mas permaneça sempre no temor do Senhor."

"Não sejamos ávidos da vanglória. Nada de provocações, nada de invejas entre nós."

Assim como a cobiça, a inveja é um mal causado pela comparação. Por isso, o modo de olhar tem de ser curado. Se ele estiver doente nunca nos satisfaremos com o que temos e vamos sempre encontrar no outro o que poderia nos satisfazer. Isso é uma mentira. Quando tentados pela inveja, lembremo-nos de que está em Deus a verdadeira satisfação de nossas vidas.

É nele que encontramos a plenitude, e não em algum objeto, algum reconhecimento, algum prestígio... Só Deus nos ama independentemente do que fazemos, pelo mero fato de existirmos. Não precisamos de bens, de cargos ou de glórias para nos sentirmos valorizados.

Tarefa diária — Você tem sido invejoso ou ciumento? O que o outro tem o deixa feliz, ou você fica irritado por não ter o mesmo? O que mais o deixa com inveja? Tem desejado posses, prestígio e habilidades que outros desfrutam? Tem inveja do jeito como seus irmãos convivem com os pais? Tem inveja de amigos? E da vida que seus parentes levam?

Escreva aqui os propósitos e o que for refletido no dia.

O que precisamos mudar?

22º DIA

Leitura do dia (Pv 23,19-21)

"Ouve, meu filho: sê sábio, dirige teu coração pelo caminho reto, não te ajuntes com os bebedores de vinho, com aqueles que devoram carnes, pois o ébrio e o glutão se empobrecem e a sonolência veste-se com farrapos."

Nossa relação com os apetites físicos revela nossa habilidade de nos controlar. Se somos incapazes de controlar nossa boca, somos incapazes de controlar todo e qualquer hábito. Precisamos de pouco para sobreviver, e mesmo assim muitos acham que o mundo vai acabar em comida. Controlar a boca é o primeiro passo para controlar todos os outros instintos que nos afastam da vontade de Deus. O glutão dificilmente conseguirá praticar outras virtudes e se sacrificar amorosamente pelos outros. Pensemos em pequenas abstinências diárias — coisas simples e pequenas, mas que nos lembrem de que não devemos viver para a satisfação dos prazeres.

Tarefa diária — Você está comendo o necessário ou vem exagerando? O que o está levando a exagerar na comida? Por que a ansiedade? Você sente necessidade de ter sempre mais e mais? Anda desleixado com seu corpo? Sua saúde está sendo bem cuidada? Tem dado despesas desnecessárias à família por causa da gula? Isso é motivo de brigas e contendas em sua casa? Procure fazer um jejum ao longo desta semana. Ele certamente o ajudará no combate a tentações indesejadas.

Escreva aqui os propósitos e o que for refletido no dia.

O que precisamos mudar?

23º DIA

Leituras do dia (Pv 10,4-5; Sl 127,1-4)

"A mão preguiçosa causa a indigência; a mão diligente se enriquece. Quem recolhe no verão é um filho prudente; quem dorme na ceifa merece a vergonha."

"Felizes os que temem o Senhor, os que andam em seus caminhos. Poderás viver, então, do trabalho de tuas mãos, serás feliz e terás bem-estar. Tua mulher será em teu lar como uma vinha fecunda. Teus filhos em torno à tua mesa serão como brotos de oliveira. Assim será abençoado aquele que teme o Senhor."

Infelizmente, muita gente quer que as coisas a serem conquistadas caiam do céu. Isso, porém, só faz com que deixe de se esforçar, de trabalhar — em suma, fica abaixo do nível de dignidade humana, abaixo das virtudes que as tornam pessoas melhores e as aproximam de Deus. Ele nos deu a graça de trabalhar para nos sentirmos dignos. Muitas vezes, em nossas casas, por causa da preguiça uns trabalham demais e outros não fazem nada. Além de injusto, trata-se de algo pouco caridoso, pois sobrecarrega alguns. O lar, de modo especial, é responsabilidade de todos; cada qual tem sua função. Além disso, pequenos atos de generosidade ajudam a criar um bom ambiente familiar — ajudar o outro, sacrificar-se por alguém, é um ato de demonstração de amor.

Tarefa diária — Você está vendo coisas negativas acontecerem à sua volta e nada faz para modificá-las? Vem deixando que a preguiça o domine? Tem ajudado a cuidar da sua casa, ou deixa que os outros se virem? Como está seu quarto? Você fica postergando o cumprimento de tarefas que contribuem para o bem-estar do lar? Dorme mais do que precisa? Aproveite o dia de hoje para distribuir responsabilidades diárias a cada um, de maneira justa e generosa.

Escreva aqui os propósitos e o que for refletido no dia.

O que precisamos mudar?

24º DIA

Leitura do dia (Sl 50,3-9)

"Tende piedade de mim, Senhor, segundo a vossa bondade. E conforme a imensidade de vossa misericórdia, apagai a minha iniquidade. Lavai-me totalmente de minha falta, e purificai-me de meu pecado. Eu reconheço a minha iniquidade, diante de mim está sempre o meu pecado. Só contra vós pequei, o que é mau fiz diante de vós. Vossa sentença assim se manifesta justa, e reto o vosso julgamento. Eis que nasci na culpa, minha mãe concebeu-me no pecado. Não obstante, amais a sinceridade de coração. Infundi-me, pois, a sabedoria no mais íntimo de mim. Aspergi-me com um ramo de hissope e ficarei puro. Lavai-me e me tornarei mais branco do que a neve."

Ninguém está pronto. Ninguém é perfeito. Devemos lutar diariamente, até podermos descansar no céu. E essa luta implica reconhecer que erramos. Diante de Deus, reconheçamo-nos fracos. Ele, que é onipontente, poderá nos ajudar a vencer, com luta, o que nos impede de ser melhores. Saiba que Deus tem o maior interesse em ajudar a nós e nossas famílias.

Tarefa diária — Faça uma retrospectiva dos pecados capitais sobre os quais se refletiu nos últimos dias. Com sua família, peça a misericórdia de Deus. Do mesmo modo, agradeça a Ele pelas graças que lhe tem enviado e que o impedem de ceder a alguns dos maus hábitos mencionados ao longo desses dias.

Escreva aqui os propósitos e o que for refletido no dia.

O que precisamos mudar?

25º DIA

Leitura do dia (1Jo 3,1-10)

"Considerai com que amor nos amou o Pai, para que sejamos chamados filhos de Deus. E nós o somos de fato. Por isso, o mundo não nos conhece, porque não o conheceu. Caríssimos, desde agora somos filhos de Deus, mas não se manifestou ainda o que havemos de ser. Sabemos que, quando isto se manifestar, seremos semelhantes a Deus, porquanto o veremos como ele é. E todo aquele que nele tem esta esperança torna-se puro, como ele é puro... Todo o que é nascido de Deus não peca, porque o germe divino reside nele; e não pode pecar, porque nasceu de Deus. É nisto que se conhece quais são os filhos de Deus e quais os do demônio: todo o que não pratica a justiça não é de Deus, como também aquele que não ama o seu irmão."

Se queremos nos conhecer melhor, temos de nos reconhecer filhos de Deus e assumir essa filiação. Assim, podemos e devemos ir ao encontro de nosso Pai. Não há medo que subsiste quando lembramos que temos um Pai infinitamente amável e miseri-

cordioso. E, ao contemplarmos esse Pai, lembramo-nos daquilo a que somos destinados a ser, pois somos também imagem e semelhança dele. Podemos encontrar aí a motivação para sairmos de nossa região confortável e consolidada. É preciso decisão! Abandonar os apegos e medos e mergulhar nos braços do Pai!

Tarefa diária — Neste primeiro dia em que refletimos sobre os relacionamentos propriamente ditos, pense em como você vem se relacionando consigo mesmo. Você é uma pessoa que diz mentiras para se sentir melhor? Seja sincero: você se conhece à luz de Deus, que é a única forma de conhecer-se verdadeiramente? Quais são os seus "defeitos" ou "vícios"? E suas qualidades? Você procura se amar do mesmo modo como Deus o ama? Antes de dormir, tem realizado um breve exame de consciência, tirando deles propósitos práticos de melhora?

Escreva aqui os propósitos e o que for refletido no dia.

____

____

____

____

____

O que precisamos mudar?

____

____

____

____

____

26º DIA

Leitura do dia (Ef 5,21-33; 6,1-4)

"Sujeitai-vos uns aos outros no temor de Cristo. As mulheres sejam submissas a seus maridos, como ao Senhor, pois o marido é o chefe da mulher, como Cristo é o chefe da Igreja, seu corpo, da qual ele é o Salvador. Ora, assim como a Igreja é submissa a Cristo, assim também o sejam em tudo as mulheres a seus maridos. Maridos, amai as vossas mulheres, como Cristo amou a Igreja e se entregou por ela, para santificá-la, purificando-a pela água do batismo com a palavra, para apresentá-la a si mesmo toda gloriosa, sem mácula, sem ruga, sem qualquer outro defeito semelhante, mas santa e irrepreensível. Assim os maridos devem amar as suas mulheres, como a seu próprio corpo. Quem ama a sua mulher, ama-se a si mesmo. Em resumo, o que importa é que cada um de vós ame a sua mulher como a si mesmo, e a mulher respeite o seu marido."

"Filhos, obedecei a vossos pais segundo o Senhor; porque isto é justo. O primeiro mandamento acompanhado de uma promessa é: Honra teu pai e tua mãe, para que sejas feliz e tenhas longa vida sobre a terra (Dt 5,16). Pais, não exaspereis vossos filhos. Pelo contrário, criai-os na educação e doutrina do Senhor."

Na comunidade de Éfeso, havia problemas de relacionamento. Paulo orienta cada um a assumir seu papel. Esta orientação serve para todos os cristãos de todos os tempos. Sobretudo hoje, quando os valores familiares são destruídos pela sociedade e pela mídia, devemos atentar para esta palavra. Abramos nossos corações!

Tarefa diária — Como você está se relacionando com seu cônjugue? Você usa seu companheiro como escravo? Essa pessoa que você escolheu é feliz por estar com você? Como se relaciona com seus filhos? Com seus pais? Com seus irmãos? Vocês são uma família de verdade, ou vivem em uma mentira? Sua casa é um lar ou um hotel, aonde vão só para dormir e comer? Você tem se isolado em computadores, celulares, TVs etc.? Ama quem mora com você e o demonstra por meio de atitudes? Gostaria de ter um sacerdote o orientando para que contribua para a alegria e a paz no lar?

Escreva aqui os propósitos e o que for refletido no dia.

____

____

____

____

____

O que precisamos mudar?

27° DIA

Leitura do dia (Mt 18,21-22)

"Então Pedro se aproximou dele e disse: Senhor, quantas vezes devo perdoar a meu irmão, quando ele pecar contra mim? Até sete vezes? Respondeu Jesus: Não te digo até sete vezes, mas até setenta vezes sete."

Hoje voltamos ao assunto da desunião. Independentemente de causas e razões, o mandato de Jesus é o perdão. Não há meio-termo; não existe perdoar mais ou menos... Cristo pede um perdão completo e incondicional, a exemplo do perdão que o Pai está disposto a nos dar. Se isso se aplica aos outros, quanto mais não deve se aplicar em nossas casas, com aqueles que Deus nos confiou diretamente!

Tarefa diária — Há algum parente com quem você não esteja conversando? Dentro de casa, está evitando alguém? Sente dificuldades ante as atitudes de algum familiar? Vive mentiras com os familiares de fora? Precisa perdoar alguém? Se possível, fortaleça sua vontade e resolva hoje mesmo este assunto. Além disso, não deixe que essa reflexão se torne oportunidade para criticar e maldizer os outros!

Escreva aqui os propósitos e o que for refletido no dia.

O que precisamos mudar?

28º DIA

Leitura do dia (Mt 6,24-34)

"Ninguém pode servir a dois senhores, porque ou odiará a um e amará o outro, ou dedicar-se-á a um e desprezará o outro. Não podeis servir a Deus e à riqueza. Portanto, eis que vos digo: não vos preocupeis por vossa vida, pelo que comereis, nem por vosso corpo, pelo que vestireis. A vida não é mais do que o alimento e o corpo não é mais que as vestes? Olhai as aves do céu: não semeiam nem ceifam, nem recolhem nos celeiros e vosso Pai celeste as alimenta. Não valeis vós muito mais que elas? Qual de vós, por mais que se esforce, pode acrescentar um só côvado à duração de sua vida? E por que vos inquietais com as vestes? Considerai como crescem os lírios do campo; não trabalham nem fiam. Entretanto, eu vos digo que o próprio Salomão no auge de sua glória não se vestiu como um deles. Se Deus veste assim a erva dos campos, que hoje cresce e amanhã será lançada ao fogo, quanto mais a vós, homens de pouca fé? Não vos aflijais, nem digais: Que comeremos? Que beberemos? Com que nos vestiremos? São os pagãos que se preocupam com tudo isso. Ora, vosso Pai celeste sabe que necessitais de tudo isso. Buscai em primeiro lugar o Reino de Deus e a sua justiça e todas estas coisas vos serão dadas em acréscimo. Não vos preocupeis, pois, com o dia de amanhã: o dia de amanhã terá as suas preocupações próprias. A cada dia basta o seu cuidado."

A Palavra fala-nos hoje sobre preocupações exageradas. Temos que trabalhar, é claro, mas não com a sensação de que estamos no controle de tudo – isso, no fundo, contém um tanto de orgulho! Confiemos na Providência de Deus. Ele sabe o que precisamos. Mesmo no meio das dificuldades financeiras, façamos nossa parte; é tudo o que podemos fazer e tudo o que Deus quer que façamos. Colocando todo o nosso esforço em nossas tarefas, podemos ter a certeza de que tudo o que vier estará dentro dos planos do Pai, mesmo que não o entendamos bem.

Tarefa diária — Como está a vida financeira da família? Todos trabalham? Se há pessoas que só estudam, estão dando valor aos estudos e estudando de verdade? O que se pode fazer para gastar menos, ou somente o necessário? A família gasta muito com coisas supérfluas? Dá valor ao que tem, consertando o que pode ser consertado, não guardando coisas desnecessárias? Há ordem na casa?

Escreva aqui os propósitos e o que for refletido no dia.

____

____

____

____

O que precisamos mudar?

29º DIA

Leitura do dia (Js 24,14-18)

"Agora, pois, temei o Senhor e servi-o com toda a retidão e fidelidade. Tirai os deuses que serviram vossos pais além do rio e no Egito, e servi o Senhor. Porém se vos desagrada servir o Senhor, escolhei hoje a quem quereis servir: se aos deuses, a quem serviram os vossos pais além do rio, se aos deuses dos amorreus, em cuja terra habitais. Porque, quanto a mim, eu e minha casa serviremos o Senhor. O povo respondeu: longe de nós abandonarmos o Senhor para servir outros deuses. O Senhor é o nosso Deus, ele que nos tirou, a nós e a nossos pais, da terra do Egito, da casa da servidão; e que operou à nossa vista maravilhosos prodígios e guardou-nos ao longo de todo o caminho que percorremos, entre todos os povos pelos quais passamos. O Senhor expulsou diante de nós todas essas nações, assim como os amorreus que habitam na terra. Nós também, nós serviremos o Senhor, porque ele é o nosso Deus."

Eis um texto maravilhoso. Josué servirá o Senhor; o povo também. E com que convicção! Muitas vezes, trazemos para nossas casas muitas coisas que não são de Deus. Se acreditamos no céu, se queremos ir para lá um dia, por que enchemos nossas casas de coisas que não nos motivam a uma busca verdadeira pelo céu?

Tarefa diária — Quando uma pessoa chega à sua casa, ela sabe que ali moram cristãos? Sua casa, desde a entrada, tem sinais do céu, como quadros com temas bíblicos, santos, Bíblia? Você acredita verdadeiramente no céu?

Escreva aqui os propósitos e o que for refletido no dia.

____

____

____

____

____

____

O que precisamos mudar?

____

____

____

____

____

____

30º DIA

Leituras do dia (At 2,14-21; 1Cor 12,4-11)

"Pedro então, pondo-se de pé em companhia dos Onze, com voz forte lhes disse: Homens da Judeia e vós todos que habitais em Jerusalém:

Acontecerá nos últimos dias — é Deus quem fala —, que derramarei do meu Espírito sobre todo ser vivo: profetizarão os vossos filhos e as vossas filhas. Os vossos jovens terão visões, e os vossos anciãos sonharão. Sobre os meus servos e sobre as minhas servas derramarei naqueles dias do meu Espírito e profetizarão. Farei aparecer prodígios em cima, no céu, e milagres embaixo, na terra... E então todo o que invocar o nome do Senhor será salvo."

"Há diversidade de dons, mas um só Espírito... A cada um é dada a manifestação do Espírito para proveito comum. A um é dada pelo Espírito uma palavra de sabedoria; a outro, uma palavra de ciência, por esse mesmo Espírito; a outro, a fé, pelo mesmo Espírito; a outro, a graça de curar as doenças, no mesmo Espírito; a outro, o dom de milagres; a outro, a profecia; a outro, o discernimento dos espíritos; a outro, a variedade de línguas; a outro, por fim, a interpretação das línguas. Mas um e o mesmo Espírito distribui todos estes dons, repartindo a cada um como lhe apraz."

Deus, ao encarnar-se na pessoa de Cristo, assumiu a condição humana e conheceu nossa fragilidade. Sabendo disso, derrama sobre nós o Espírito Santo, a fim de nos ajudar em nossa caminhada rumo ao céu. Nós cristãos devemos recorrer ao Espírito Santo todos os dias, sem cessar. É o Espírito que nos ajudará a enfrentar os problemas diários e equilibrar nossa vida com Deus, conosco e com o próximo. O resultado? Uma vida mais feliz, repleta de paz interior.

Tarefa diária — Você acredita no Espírito Santo? Acredita que ele é o Consolador? Está caminhando conforme o Espírito de Deus, ou segundo os costumes pagãos? Conhece os sete dons do Espírito? E que frutos do Espírito Santo sua família pode experimentar em sua casa? Peça, com seus familiares, que o Espírito Santo seja abundante em seus dons. Peça-lhe que os próximos dias sejam de muitas bênçãos. Fomente a oração nos próximos dias.

Escreva aqui os propósitos e o que for refletido no dia.

____

____

____

____

____

O que precisamos mudar?

31°DIA

Leituras do dia (Sb 6,9-13; Sb 9,1-4; Tg 1,5)

"É a vós, pois, ó príncipes, que me dirijo, para que aprendais a Sabedoria e não resvaleis, porque aqueles que santamente observarem as santas leis serão santificados, e os que as tiverem estudado poderão justificar-se. Anelai, pois, pelas minhas palavras, reclamai-as ardentemente e sereis instruídos. Resplandecente é a Sabedoria, e sua beleza é inalterável: os que a amam, descobrem-na facilmente. Os que a procuram, encontram-na. Ela antecipa-se aos que a desejam."

"Deus de nossos pais, e Senhor de misericórdia, que todas as coisas criastes pela vossa palavra, e que, por vossa sabedoria, formastes o homem para ser o senhor de todas as vossas criaturas, governar o mundo na santidade e na justiça, e proferir seu julgamento na retidão de sua alma, dai-me a Sabedoria que partilha do vosso trono, e não me rejeiteis como indigno de ser um de vossos filhos."

"Se alguém de vós necessita de sabedoria, peça-a a Deus – que a todos dá liberalmente, com simplicidade e sem recriminação – e ser-lhe-á dada."

A sabedoria nos aproxima mais de Deus e o faz conhecido a nós. Só se ama a quem se conhece. O texto do livro da Sabedoria, capítulo 9, consiste em uma linda oração pedindo a Deus para que o entendamos e vivamos com mais paz. Oxalá todos o lessem! A ignorância é um dos elementos que os afasta de Deus. Devemos procurar conhecê-lo melhor, sobretudo por meio do Catecismo da Igreja Católica e das Escrituras.

Tarefa diária — O que você conhece de Deus? Ama tudo o que Deus criou? Reconhece com que amor Deus fez tudo para si? Ama as pessoas que Deus lhe deu como família? O que pode melhorar para que sua casa seja um céu aqui na terra? Pode aprimorar sua formação doutrinária, estudando o Catecismo, os documentos dos papas e os pronunciamentos do seu bispo?

Escreva aqui os propósitos e o que for refletido no dia.

O que precisamos mudar?

32° DIA

Leituras do dia (Jr 3,15; Ex 31,3; 2Cor 4,4)

"Dar-vos-ei pastores segundo o meu coração, os quais vos apascentarão com inteligência e sabedoria."

"Encheu-o de um espírito divino para dar-lhe sabedoria, inteligência e habilidade para toda sorte de obras."

"[...] os incrédulos, cujas inteligências o deus deste mundo obcecou a tal ponto que não percebem a luz do Evangelho, onde resplandece a glória de Cristo, que é a imagem de Deus."

Sabedoria e inteligência têm funções distintas, mas se complementam. A sabedoria nos possibilita conhecer a intimidade e a vontade de Deus; a inteligência, as verdades reveladas. Uma pessoa com o dom da inteligência jamais duvidará, iluminada pela fé, da revelação divina.

Tarefa diária — Compreende que a Bíblia é Deus falando com você? Quando é questionado sobre a Palavra de Deus, sabe responder? Quem é o diretor da sua mente: Deus ou o diabo? A Igreja, junto com as Escrituras, nos oferece um livro de orientações; você tem e acredita que o Catecismo da Igreja Católica nos ajuda a caminhar melhor em nossa fé? Quando algum bispo, ou mesmo o papa, abre sua cabeça a coisas divinas que você desconhece ou não pratica, procura confiar no auxílio que Deus dá à Igreja em matéria de fé e moral? Peça esse dom maravilhoso que é jamais desacreditar no Corpo de Cristo que é a Igreja e que nos guia à salvação.

Escreva aqui os propósitos e o que for refletido no dia.

O que precisamos mudar?

33º DIA

Leituras do dia (Nm 24,16; Pv 14,18; Pv 17,27; Sb 7,17)

"Oráculo daquele que ouve as palavras de Deus, conhece a ciência do Altíssimo, desfruta a visão do Todo-poderoso e se lhe abrem os olhos quando se prostra."

"Os ingênuos têm por herança a loucura; os prudentes, a ciência como coroa."

"O que mede suas palavras possui a ciência; quem é calmo de espírito é um homem inteligente."

"[...] foi ele quem me deu a verdadeira ciência de todas as coisas, quem me fez conhecer a constituição do mundo e as virtudes dos elementos."

As palavras acima nos revelam o dom maravilhoso da ciência, aquele que nos faz compreender e aceitar os planos de Deus revelados na Sagrada Escritura. Não estamos falando aqui da ciência como meio de estudos racionais, mas de algo que recebemos pelo Espírito Santo a partir dos méritos de Nosso Senhor Jesus Cristo. É a Trindade que nos deseja entendedores e praticantes de sua Boa-nova.

Tarefa diária — Você tem dificuldades para aceitar a Palavra como algo inspirado por Deus e transmitido com fidelidade pela Igreja? Aceita a palavra só em alguns pontos, deixando outros de lado? Faz da Palavra de Deus uma palavra de conveniência, realizando apenas o que lhe parece oportuno? Vê que está caminhando segundo a vontade divina, ou traça seus próprios planos? Deixa Deus tomar conta de tudo, fazendo atos frequentes de abandono à Divina Providência?

Escreva aqui os propósitos e o que for refletido no dia.

O que precisamos mudar?

34º DIA

Leitura do dia (Sl 1,1-6)

"Feliz o homem que não procede conforme o conselho dos ímpios, não trilha o caminho dos pecadores, nem se assenta entre os escarnecedores. Feliz aquele que se compraz no serviço do Senhor e medita sua lei dia e noite. Ele é como a árvore plantada na margem das águas correntes: dá fruto na época própria, sua folhagem não murchará jamais. Tudo o que empreende, prospera. Os ímpios não são assim! Mas são como a palha que o vento leva. Por isso não suportarão o juízo, nem permanecerão os pecadores na assembleia dos justos. Porque o Senhor vela pelo caminho dos justos, ao passo que o dos ímpios leva à perdição."

Este texto nos revela como Deus abençoa quem anda em seus caminhos. É preciso refletir se estamos caminhando como um justo ou como um ímpio. É preciso tomar uma decisão firme, uma decisão que mova nossa vontade e nossos afetos apenas a Deus. E, como filhos amados, temos de querer que todos sigam esse caminho que leva ao Pai.

Tarefa diária — Quando alguém lhe pede conselhos, eles são dados conforme a vontade de Deus ou segundo seus pensamentos? Você está levando as pessoas que ama a ter um encontro pessoal com Deus? Está conduzindo seus amigos a Deus mediante sua postura, seu modo de agir e falar? Sua vida é um testemunho coerente de que você crê no Senhor e na Igreja?

Escreva aqui os propósitos e o que for refletido no dia.

____

____

____

____

____

____

____

O que precisamos mudar?

____

____

____

____

____

____

____

35° DIA

Leituras do dia (Sl 17,3; 2Cor 12,10; 2Tm 1,7)

"O Senhor é o meu rochedo, minha fortaleza e meu libertador. Meu Deus é a minha rocha, onde encontro o meu refúgio, meu escudo, força de minha salvação e minha cidadela."

"Eis por que sinto alegria nas fraquezas, nas afrontas, nas necessidades, nas perseguições, no profundo desgosto sofrido por amor de Cristo. Porque quando me sinto fraco, então é que sou forte."

"Pois Deus não nos deu um espírito de timidez, mas de fortaleza, de amor e de sabedoria."

Eis algo que precisamos reconhecer: somos todos fracos e necessitamos da fortaleza de Deus para não entrarmos em desespero. Este dom, o dom da fortaleza, nos dá vigor e paciência para carregar nossas cruzes, levar a cabo os bons propósitos, vencer as tentações e ser corajoso na defesa da fé. Sem ela, não perseveraremos nunca nas virtudes.

Tarefa diária — Você está sendo uma pessoa paciente em carregar sua cruz ou cruzes? Está sendo mais vencedor ou vencido junto às tentações da vida? Tem defendido a fé em Deus ou no que a Igreja prega? Suporta com alegria e espírito de mortificação os defeitos alheios, sobretudo dentro de casa? Sente-se uma pessoa forte ou fraca diante dos desafios que enfrenta no dia a dia? Sua família é forte para vencer as tentações que a afastam de Deus?

Escreva aqui os propósitos e o que for refletido no dia.

O que precisamos mudar?

36°DIA

Leituras do dia (2Pd 2,9; 1Tm 6,11; 1Tm 4,8)

"[...] é porque o Senhor sabe livrar das provações os homens piedosos e reservar os ímpios para serem castigados no dia do juízo."

"Mas tu, ó homem de Deus, foge desses vícios e procura com todo empenho a piedade, a fé, a caridade, a paciência, a mansidão."

"Exercita-te na piedade. Se o exercício corporal traz algum pequeno proveito, a piedade, esta sim, é útil para tudo, porque tem a promessa da vida presente e da futura."

O dom da piedade é aquele que produz em nós o amor a Deus acima de tudo e nos leva a viver como verdadeiros filhos do Senhor. Por meio da piedade, reconhecemos o quão pequeno somos e o quanto necessitamos do Senhor. Assim, temos a real perspectiva das coisas. É por isso que as Escrituras insistem tanto na piedade...

Tarefa diária — Você já reconheceu Deus como seu Pai? Reflete com frequência sobre essa extraordinária filiação, vivendo como um bom filho deve viver com relação a um pai? Ao assumir esta verdade, age como quem tem amor a Deus? Faz atos de amor e reparação ao longo do dia?

Escreva aqui os propósitos e o que for refletido no dia.

O que precisamos mudar?

37º DIA

Leituras do dia (2Cor 7,1; Hb 12,28)

"Depositários de tais promessas, caríssimos, purifiquemo-nos de toda imundície da carne e do espírito, realizando plenamente nossa santificação no temor de Deus."

"[...] sim, possuindo nós um reino inabalável, dediquemos a Deus um reconhecimento que lhe torne agradável o nosso culto com temor e respeito."

O texto bíblico de hoje nos fala do respeito que devemos nutrir por Deus, pai que nos ama muito e quer somente nosso bem e felicidade. Esse respeito filial recebe um nome: trata-se do dom do temor de Deus. Infelizmente, hoje são poucos os que receiam ofender o Senhor por Ele ser bom e santo, digno de todo o nosso coração. Rezemos pedindo a Deus este dom a toda humanidade. Sem ele, dificilmente caminharemos para a harmonia e a concórdia.

Tarefa diária — Quando você vai se confessar, procura a confissão por medo do inferno e para desencargo de consciência, ou por querer se reconciliar com Deus, que é quem mais o ama? Ao longo do dia, você faz pausas para retificar suas intenções, de modo a fazer tudo, mesmo as coisas mais corriqueiras, por amor a Deus? Oferece a Ele os afazeres do seu dia, sobretudo para que tenha misericórdia de quem não O teme? Você teme a Deus e procura fazer a Sua vontade? Ou caminha conforme o mundo o leva?

Escreva aqui os propósitos e o que for refletido no dia.

O que precisamos mudar?

38° DIA

Leitura do dia (Jo 6, 35-40)

"Jesus replicou: Eu sou o pão da vida: aquele que vem a mim não terá fome, e aquele que crê em mim jamais terá sede. Mas já vos disse: Vós me vedes e não credes... Todo aquele que o Pai me dá virá a mim, e o que vem a mim não o lançarei fora. Pois desci do céu não para fazer a minha vontade, mas a vontade daquele que me enviou. Ora, esta é a vontade daquele que me enviou: que eu não deixe perecer nenhum daqueles que me deu, mas que os ressuscite no último dia. Esta é a vontade de meu Pai: que todo aquele que vê o Filho e nele crê, tenha a vida eterna; e eu o ressuscitarei no último dia."

Jesus se revela como o Pão da Vida. Seu amor foi tão grande que não se contentou em humilhar-se, fazer-se homem e morrer por nós; quis se humilhar ainda mais: fez-se Pão na Eucaristia! E, se acreditamos nisso e dizemos que o amamos, não é lógico que devemos buscá-lo? Onde? Na Igreja, no Sacrário, na Comunhão... Tudo isso nos foi dado para que sejamos salvos e tenhamos força na caminhada rumo ao céu.

Tarefa diária — Você chegou atrasado à missa por preguiça, por enrolar, por dar prioridade a outras coisas? Ficou conversando ao longo da celebração? Deixou de prestar atenção às leituras, bem como aos gestos do sacerdote? Deu prioridade a encontros sociais em detrimento da missa? Procura com frequência a confissão, sabendo que, além de perdoar definitivamente os pecados passados, também lhe oferece a graça de fortalecer-se para os combates cotidianos? Você se confessa com um coração verdadeiramente contrito? Além disso, comunga com a reverência de quem sabe que Cristo está verdadeiramente presente na Eucaristia? Comunga em estado de graça, recorrendo à confissão quando cai em pecado mortal? Dá ações de graças suficientes após unir-se com o Senhor na Comunhão?

Escreva aqui os propósitos e o que for refletido no dia.

O que precisamos mudar?

39º DIA

Leituras do dia (Dn 9,3; Mt 17,20; Mal 3,8-10)

"Volvi-me para o Senhor Deus a fim de dirigir-lhe uma oração de súplica, jejuando e me impondo o cilício e a cinza."

"Quanto a esta espécie de demônio, só se pode expulsar à força de oração e de jejum."

"Pode o homem enganar o teu Deus? Por que procurais enganar-me? E ainda perguntais: em que vos temos enganado? No pagamento dos dízimos e nas ofertas. Fostes atingidos pela maldição, e vós, nação inteira, procurais enganar-me. Pagai integralmente os dízimos ao tesouro do templo, para que haja alimento em minha casa. Fazei a experiência — diz o Senhor dos exércitos — e vereis se não vos abro os reservatórios do céu e se não derramo a minha bênção sobre vós muito além do necessário."

Tanto o jejum quanto a ajuda que prestamos à nossa comunidade para seu sustento são preceitos contidos nas Escrituras. O jejum se faz necessário para frearmos os desejos desordenados e para nos fortalecermos para os momentos de luta contra as tentações, assemelhando-nos nisso a Cristo, que sacrificou-se, até o fim, por nós. Do outro lado, o dízimo é necessário para a manutenção do templo que frequentamos e para levar adiante os trabalhos pastorais. Por isso a importância de sermos fiéis nessas duas esferas.

Tarefa diária — Você faz jejum, penitências ou outras mortificações, sobretudo quando pede a Igreja, unindo-se ao sacrifício redentor de Cristo? Procura fazer das atividades cotidianas um ato de amor a Deus? Procura desapegar-se do dinheiro que lhe é superficial? Tem consciência de que é seu dever ajudar a sustentar a comunidade que lhe serve?

Escreva aqui os propósitos e o que for refletido no dia.

O que precisamos mudar?

40º DIA

Leitura do dia (1Cor 13,1-8)

"Ainda que eu falasse as línguas dos homens e dos anjos, se não tiver amor, sou como o bronze que soa, ou como o címbalo que retine. Mesmo que eu tivesse o dom da profecia, e conhecesse todos os mistérios e toda a ciência; mesmo que tivesse toda a fé, a ponto de transportar montanhas, se não tiver amor, não sou nada. Ainda que distribuísse todos os meus bens em sustento dos pobres, e ainda que entregasse o meu corpo para ser queimado, se não tiver amor, de nada valeria! O amor é paciente, o amor é bondoso. Não tem inveja. O amor não é orgulhoso. Não é arrogante. Nem escandaloso. Não busca os seus próprios interesses, não se irrita, não guarda rancor. Não se alegra com a injustiça, mas se rejubila com a verdade. Tudo desculpa, tudo crê, tudo espera, tudo suporta. O amor jamais acabará [...]."

Paulo escreve aqui um de seus trechos mais lindos e mais conhecidos. Posso fazer tudo nesta vida, diz ele, mas apenas o que é feito por amor a Deus tem pleno mérito sobrenatural. Devemos, portanto, fomentar esse que é o verdadeiro amor, um amor que eleva o outro, que não é orgulhoso, não cede à arrogância... Esse é o amor que subsistirá mesmo no céu, quando estivermos face a face com Deus. Tudo o mais é pequeno se comparado a isso.

Tarefa diária — Faça uma retrospectiva de tudo o que você viveu nestes quarenta dias. Há algum passo ulterior que pode ser dado? Se você notou que cumpriu esse roteiro com intensidade, é este um bom momento para dar graças a Deus. Louve-o de todo o coração, com o propósito de viver cada vez mais seu amor. Pense, ainda, em como conservar vivos os propósitos estabelecidos ao longo deste percurso, fazendo um planejamento que o ajude a praticar os pontos de luta.

Escreva aqui o que Deus fez em sua vida e de sua família depois destes quarenta dias de intimidade com Ele e quais os propósitos que cada um fez para que a família seja mais feliz.

Direção geral

Antônio Araújo

Direção editorial

Daniele Cajueiro

Coordenação Geral

Maristela Ciarrocchi

Editor responsável

Hugo Langone

Produção Editorial

Adriana Torres

Anna Beatriz Seilhe

Revisão

Thiago Braz

Projeto gráfico e Diagramação

Filigrana

Este livro foi impresso em 2017 para a Petra.

O papel do miolo é offset 90g/m² e o da capa é cartão 250g/m².

Coleção
Resumos para
CONCURSOS

Organizadores
Frederico Amado | Lucas Pavione

25

Direito Internacional Público e Privado